EMG3-0223
合唱楽譜<J-POP>

J-POP
CHORUS PIECE

合唱で歌いたい！ J-POPコーラスピース

混声3部合唱

宿命
（Official髭男dism）

作詞・作曲：藤原 聡　合唱編曲：田原晴海

9784815208615
JN159120

•••曲目解説•••

ロックバンド、Official髭男dismが2019年7月にリリースした楽曲で、2019ABC夏の高校野球応援ソング／「熱闘甲子園」テーマソングです。彼ららしいポップで美しいメロディーと力強いブラスセクションのサウンドが抜群にカッコいい一曲で、高校球児たちの葛藤や情熱を繊細に歌いあげています。心にグッと響く応援ソングを歌ってみませんか。

合唱で歌いたい！J-POPコーラス

宿命

作詞・作曲：藤原 聡　　合唱編曲：田原晴海

© 2019 by ABC Media Communications
PONY CANYON MUSIC PUBLISHING INC.
LASTRUM Music Entertainment Inc.

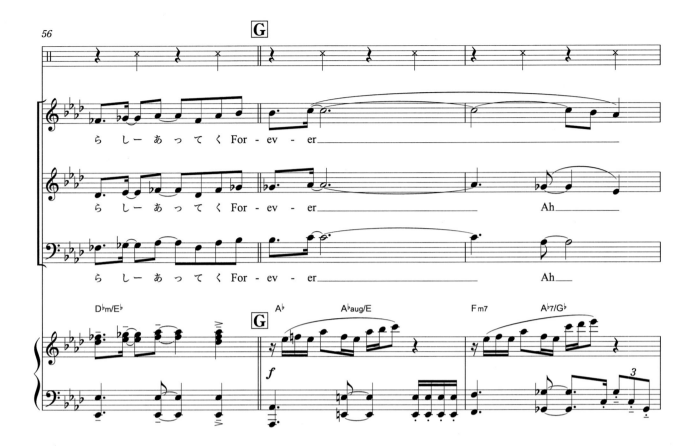

宿命 (Official髭男dism)

作詞：藤原 聡

心臓から　溢れ出した声で
歌うメロディー振り向いた未来
君から　溢れ出した声と
合わさって響いた　群青の空の下

夢じゃない　夢じゃない　涙の足跡
嘘じゃない　嘘じゃない　泥だらけの笑顔
夢じゃない　夢じゃない　肩を組んで叫びたい
僕らの想い

届け　奇跡じゃなくていい　美しくなくていい
生き甲斐ってやつが光り輝くから
切れないバッテリー魂の限り
宿命ってやつを燃やして暴れ出すだけなんだ

沈黙が　続いたイヤフォン
自分の弱さに　遠ざかってく未来
大丈夫や　頑張れって歌詞に
苛立ってしまった　そんな夜もあった

夢じゃない　夢じゃない　あの日の悔しさと
忘れない　忘れない　手のひらの爪痕
無駄じゃない　無駄じゃない　それも全て讃えたい
もうあと少し

願いの熱さに汗まみれになったり
期待背負っていたって重さに臆病になるけど
僕らの背番号　それは背中じゃなく
瞳の奥の　Answer　重なって　照らしあってく
Forever

緊張から　不安が芽生えて
根を張るみたいに　僕らを支配する
そんなものに　負けてたまるかと
今　宿命ってやつを　燃やして　暴れ出す

届け　奇跡じゃなくていい　美しくなくていい
生き甲斐ってやつが光り輝くから
切れないバッテリー　魂の限り
宿命ってやつを　燃やして　暴れ出すだけなんだ

ただ宿命ってやつを　かざして立ち向かうだけなんだ

エレヴァートミュージックエンターテイメントはウィンズスコアが
展開する「合唱楽譜・器楽系楽譜」を中心とした専門レーベルです。

ご注文について

エレヴァートミュージックエンターテイメントの商品は全国の楽器店、ならびに書店にてお求めになれますが、店頭でのご購入が困難な場合、当社WEBサイト・電話からのご注文で、直接ご購入が可能です。

◎当社WEBサイトでのご注文方法
elevato-music.com
上記のURLへアクセスし、オンラインショップにてご注文ください。

◎お電話でのご注文方法
TEL.0120-713-771
営業時間内に電話いただければ、電話にてご注文を承ります。

※この出版物の全部または一部を権利者に無断で複製(コピー)することは、著作権の侵害にあたり、著作権法により罰せられます。

※造本には十分注意しておりますが、万一、落丁・乱丁などの不良品がありましたらお取り替えいたします。また、ご意見・ご感想もホームページより受け付けておりますので、お気軽にお問い合わせください。